글 롤라 M. 셰퍼

18년 동안 유치원과 초중등학교에서 교사로 일했습니다. 그동안 학생들과 수많은 과학 실험을 진행했는데, 이 책에 그 내용이 잘 담겨 있습니다. 책의 중요성을 깨달은 셰퍼는 어린이를 위해 직접 책을 쓰기 시작해서 그림책과 읽기 교재 등 270권이 넘는 책을 출간했습니다. 지금은 글쓰기 상담사로 일하며 가족과 함께 미국 조지아주 북부의 산간 지역에서 살고 있습니다. www.lolaschaefer.com

그림 드루실라 산티아고

동그란 고체(도넛)를 곁들인 뜨거운 액체(커피)를 매우 좋아합니다. 아트 디렉션과 그래픽 디자인을 공부한 산티아고는 현재 하와이 제도의 오아후섬에 살면서 삽화가로 활동하고 있습니다. 화판 앞에 앉아 있지 않을 때는 달콤한 간식을 먹으며 가족과 재미있는 시간을 보내곤 합니다. 《짜잔! 체리의 변신》은 산티아고의 첫 책입니다. www.adventurefun.club

옮김 윤소영

서울대학교에서 생물교육학을 전공했습니다. 많은 과학 관련 도서를 기획하고 쓰고 옮겼으며, 어린이와 청소년을 위한 과학책을 쓰는 데 애정을 갖고 있습니다. 생명, 환경, 지속 가능성을 깊이 생각합니다. 지은 책으로 《여보세요, 생태계 씨! 안녕하신가요?》, 《종의 기원, 자연 선택의 신비를 밝히다》, 《옛날 옛적 지구에는…》, 《살아 있다는 것》, 《잠이 안 오니?》 들이 있으며, 옮긴 책으로 《갈라파고스》, 《시턴 동물 이야기》, 《판스워스 교수의 생물학 강의》, 《세상에서 가장 재미있는 유전학》, 《진화의 위대한 순간들》, 《세상에서 가장 끝내주는 심쿵 동물사전》 들이 있습니다. 2005년 《종의 기원, 자연선택의 신비를 밝히다》로 과학기술부와 한국과학문화재단이 주관하는 '제6회 대한민국 과학문화상'을 수상했습니다.

꼬마 과학자의 실험실

짜잔! 체리의 변신

1판 1쇄 발행일 2024년 6월 20일
글쓴이 롤라 M. 셰퍼 그린이 드루실라 산티아고 옮긴이 윤소영 펴낸곳 (주)도서출판 북멘토 펴낸이 김태완
편집주간 이은아 편집 김경란, 조정우 디자인 유경희, 안상준 마케팅 강보람, 민지원, 염승연
출판등록 제6-800호(2006. 6. 13.)
주소 03990 서울시 마포구 월드컵북로 6길 69(연남동 567-11) IK빌딩 3층
전화 02-332-4885 팩스 02-6021-4885

- bookmentorbooks.co.kr
- bookmentorbooks@hanmail.net
- bookmentorbooks__
- blog.naver.com/bookmentorbook

ISBN 978-89-6319-585-8 77400

※ 잘못된 책은 바꾸어 드립니다.
※ 이 책은 저작권법에 따라 보호를 받는 저작물이므로 무단 전재와 무단 복제를 금합니다.
※ 이 책의 전부 또는 일부를 쓰려면 반드시 저작권자와 출판사의 허락을 받아야 합니다.
※ 책값은 뒤표지에 있습니다.

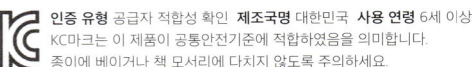

KC마크는 이 제품이 공통안전기준에 적합하였음을 의미합니다.
종이에 베이거나 책 모서리에 다치지 않도록 주의하세요.

꼬마 과학자의 실험실

짜잔! 체리의 변신

롤라 M. 셰퍼 지음 | 드루실라 산티아고 그림 | 윤소영 옮김

북멘토

화학 실험실에 오신 것을 환영합니다!

우리 여기서 물질을 탐구하며 재미있게 놀아요.

물질은 무엇일까요? 무슨 일을 할까요?

여기 있는 모든 물질을 맘껏 찌부러뜨리고,

흔들고, 기울이고, 휘젓고, 밀어 보아요.

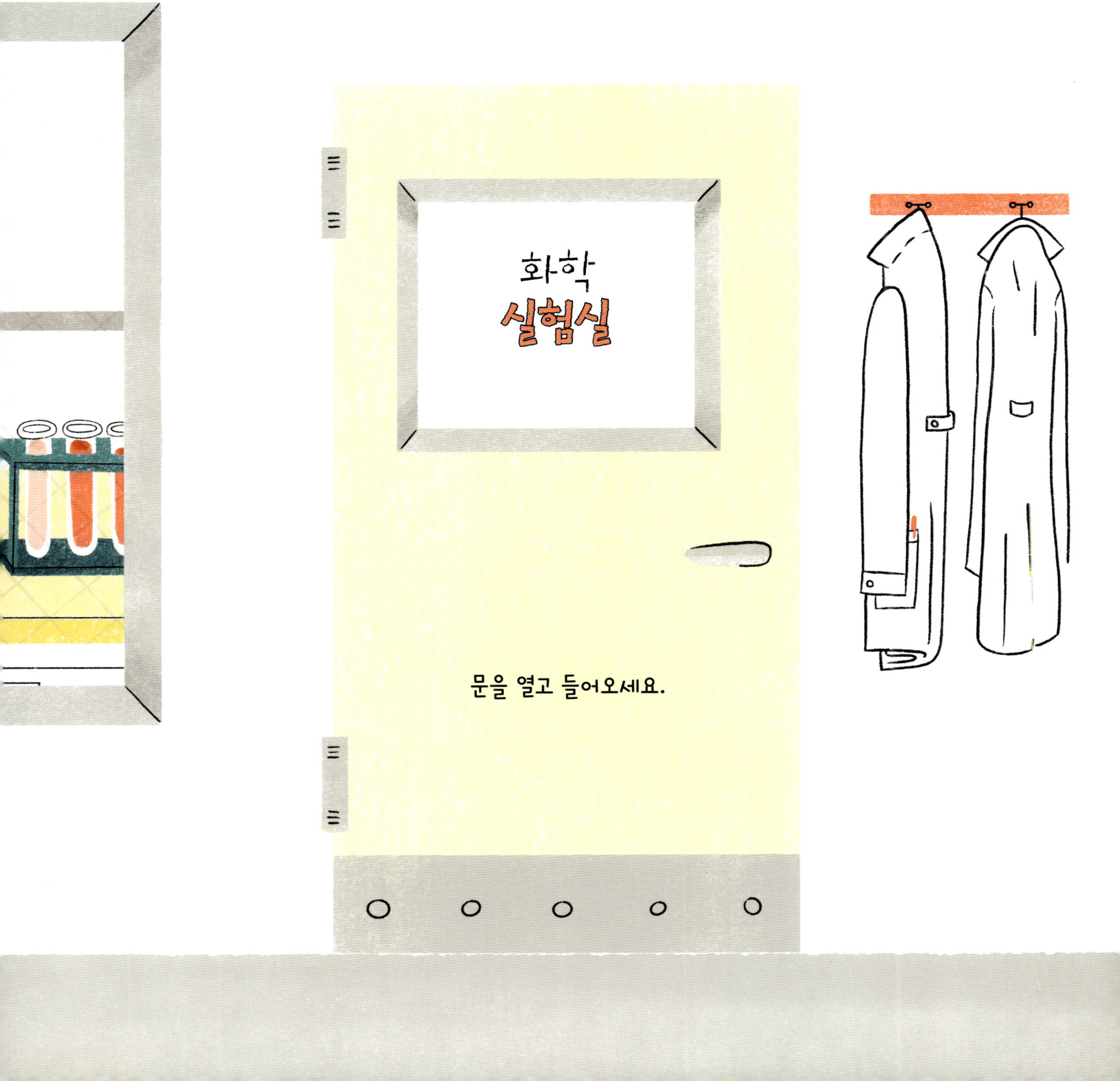

화학
실험실

문을 열고 들어오세요.

물질이란 무엇일까요?
물질은, 공간을 차지하는
갖가지 물체를 이루는 재료예요.

찰흙

풍선 속 공기

튤립

핫 초콜릿

찰흙을 세게 눌러 볼까요?
찰흙 덩어리에 손을 올리고,
납작하게 찌부러뜨리는 거예요.

잘했어요!

찰흙 덩어리는 **고체**이지만,

압력을 받으면 모양이 변해요.

덩어리의 모양이 달라져도

물질의 양은 변하지 않아요.

어떤 물체를 이루는 물질의 양을

질량이라고 해요.

이제 찰흙 덩어리를 위로, 위로,
밀어 올려 뾰족하게 만들어 봐요.

찰흙이 **더 많아** 보여요.

정말 찰흙이 더 많아졌을까요?

아니요, 같은 찰흙인걸요.

같은 찰흙이니 질량도 같지요.

하지만… 모양은 달라졌어요.

질량은 그대로이고 모양만 달라진 거예요.

책장을 넘겨 다음 실험을 해 볼까요?

여기 체리 열 개를 보세요.

체리는 고체인 부분도 있고, 액체인 부분도 있어요.

우리 눈에 보이는 껍질은 고체예요.

체리를 손에 쥐고 꽉 눌러요.

아주 세게 눌러요.

1··· 2··· 3···

4··· 5··· 6··· 7···

8··· 9··· 10!

좋아요··· 어떻게 되었는지 볼까요?

짠, 체리 주스가 생겼어요!

체리 껍질과 씨는 고체,

체리 주스는 **액체**예요.

액체는 물질의 또 다른 상태이지요.

액체 상태의 물질은 흐르는 성질이 있어요.

체리 주스는 찰랑찰랑 쉽게 움직여요.

책을 기울여서,

삼각 플라스크 속 체리 주스를

길쭉한 유리 실린더에 부어 보세요.

어때요?

주스가 더 많아 보이나요?

아니요, 체리 주스의 양은 그대로예요.

담긴 모양이 달라졌을 뿐,

질량은 그대로예요.

숨을 크게 들이마셔요.

빨대를 불면서 수를 세어 봐요.

1··· 2··· 3······

좋아요··· 어떻게 되는지 볼까요?

짠, 거품이 생겼어요!

체리 주스에 생긴 보글보글 거품에는
우리 몸에 있던 **기체**가 들어 있어요.
기체는 물질의 또 다른 상태예요.

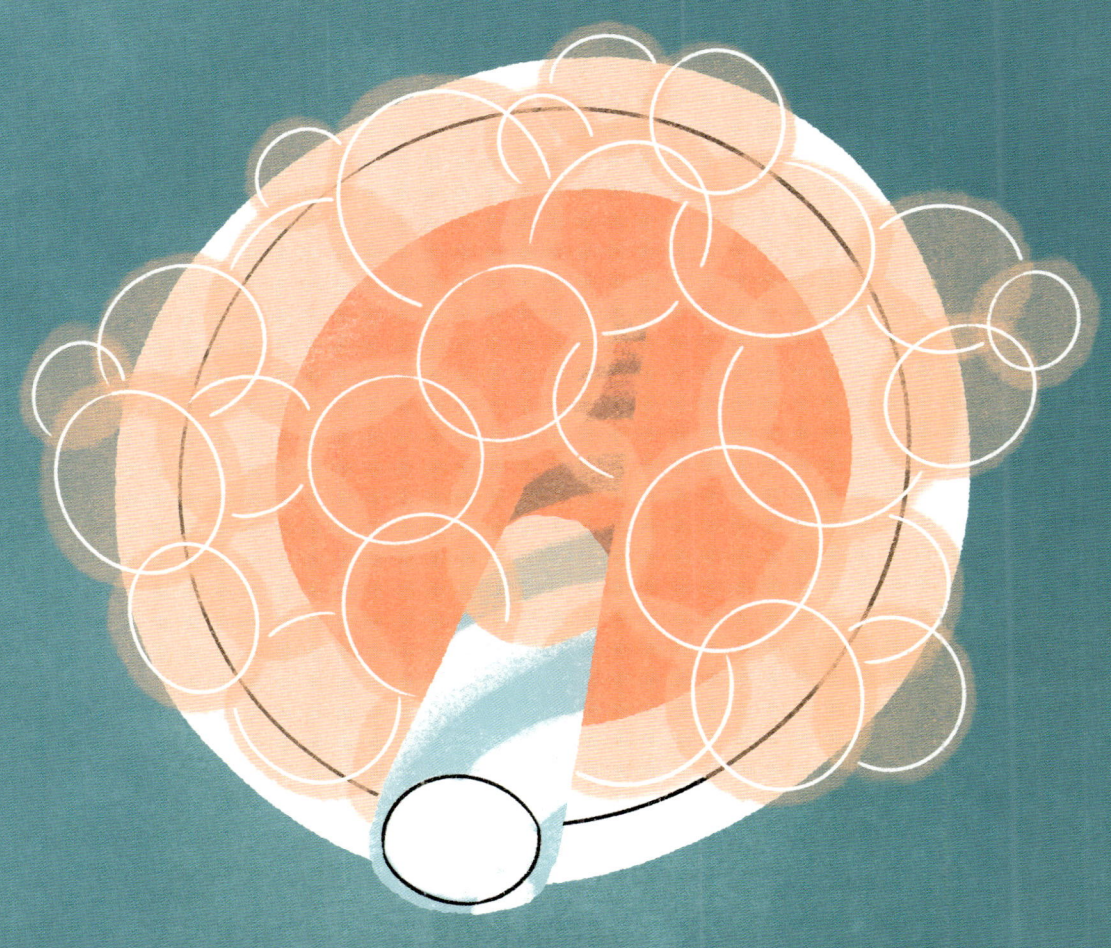

이번에는 이 책을 빠르게 흔들어 봐요.

거품이 그대로 있나요?

아니요.

기체는 체리 주스에서 빠져나와

공기 중에 흩어졌어요.

체리 주스는 **신맛**이 나요!
그릇에서 설탕 알갱이를 몇 개 꺼내
체리 주스에 넣어요.

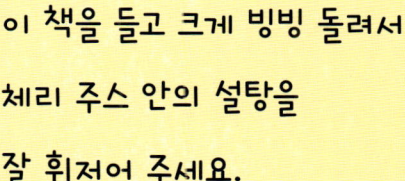

이 책을 들고 크게 빙빙 돌려서
체리 주스 안의 설탕을
잘 휘저어 주세요.

설탕은 어디 있나요?
설탕 알갱이는 아주 잘게 변해서
체리 주스에 섞여 들어갔어요.
이처럼 한 물질이 다른 물질에 녹아 고르게
섞이는 현상을 **용해**라고 해요.

설탕

체리 주스를 냉동실에 넣어요.
책장을 넘기면 냉동실 문이 닫힐 거예요.

잘했어요!

체리 주스를 냉동실 안에 한참 넣어 두고
아주아주 차갑게 만들어요.
냉동실에 넣어 둔 유리 실린더에서
무슨 일이 일어날까요?

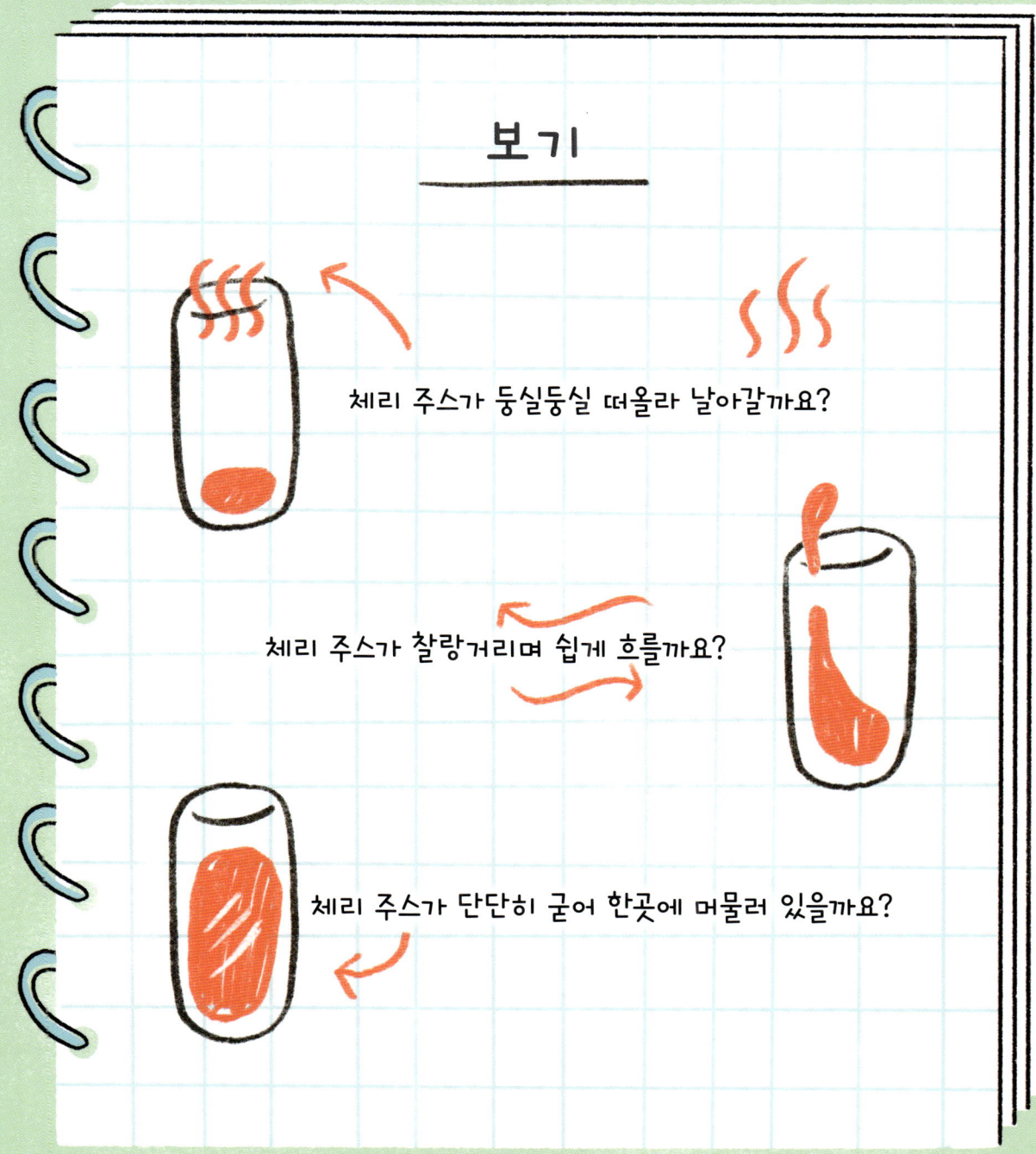

어떤 일이 일어날지 위 보기에서 골라 손가락으로 짚어 보아요.

체리 주스는 꽁꽁 얼어서
체리 얼음이 되었어요.
얼음은 고체예요.

이렇게 물질은 한 상태에서 다른 상태로 변할 수 있어요.

햇볕이 잘 드는 곳에 체리 주스를 두어 보세요.

햇볕의 열이 얼음을 녹이고 있어요.
얼음이 다시 액체로 변하고 있어요.
굉장하죠!

이제 시간을 재요.

한 시간… 두 시간…

세 시간…….

잠깐! 액체가 서서히 사라지고 있어요.
태양열이 체리 주스 속 물을 증발시켜요.
증발한 물은 기체인 수증기가 되었어요.
수증기가 공기 중으로 올라가 흩어지고 있어요.

서둘러요!
얼른 마개로 유리 실린더 입구를 막아요.

잘했어요!

이제 유리 실린더를 다시 그늘 쪽에 두어 보세요.

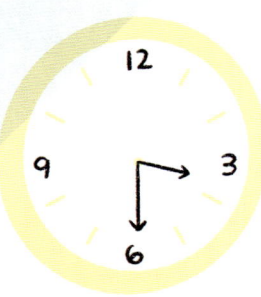

유리 실린더 안에 수증기가 갇혀 있어요.
수증기가 식으면 응결이 일어나요.
기체가 다시 액체로 변하는 거예요.
유리 실린더 안에 액체가 방울방울 맺혀
또르르 흘러내려요.

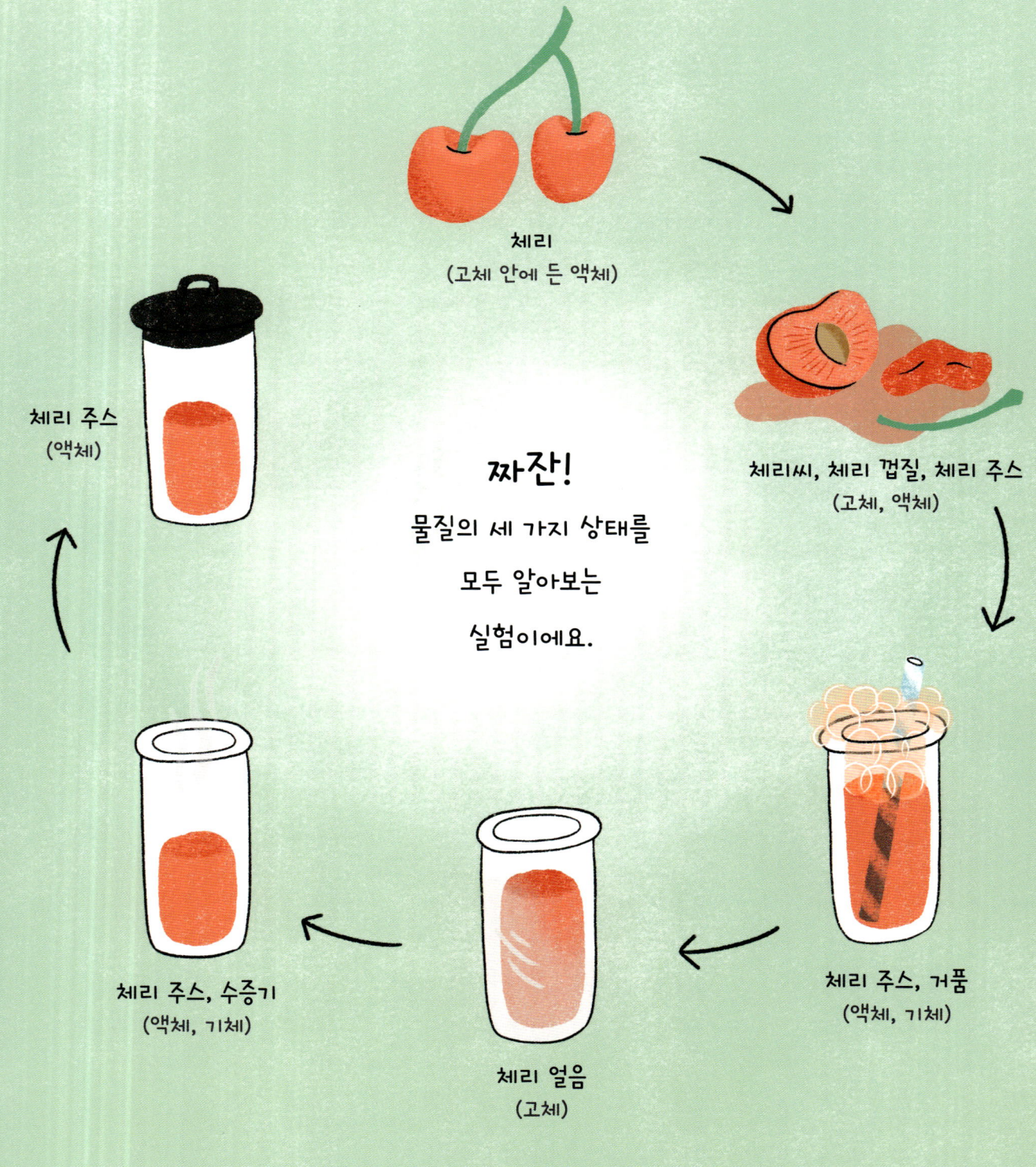

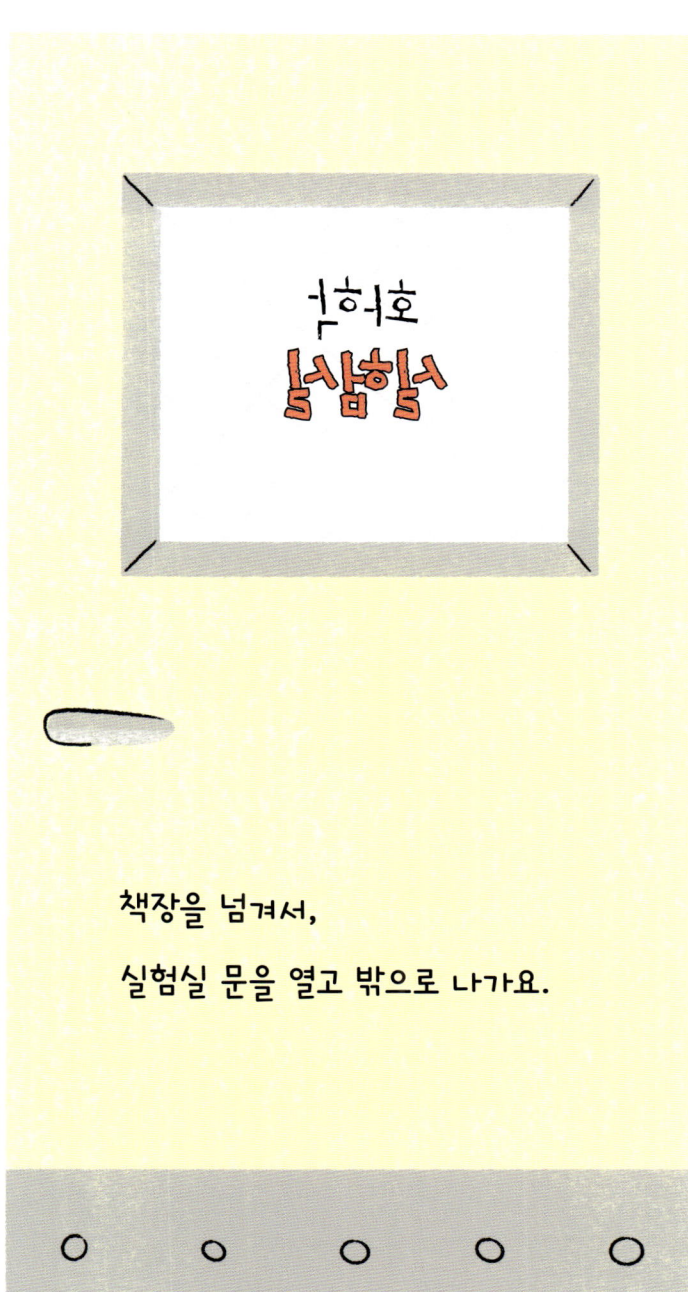

책장을 넘겨서,

실험실 문을 열고 밖으로 나가요.

분명히 보일 거예요.
물질은 어디에나 있으니까요!

우리 몸도 물질이에요!

우리 몸을 이루는 고체에는
무엇이 있는지 말해 볼까요?
손톱, 피부, 머리카락,
튼튼한 뼈가 모두 고체랍니다.

우리 몸은 액체이기도 해요.
입안의 침도 액체,
온몸을 돌아다니는 혈액도 액체예요.

우리는 기체이기도 해요.
폐를 채운 공기가 바로 기체예요.
혈액에도,
우리 몸을 이루는 모든 세포에도
산소라는 기체가 들어 있답니다!

우리 몸에는 또 어떤 고체, 액체,
기체가 있을까요?

기체를 만들어 보자!

주의 반드시 어른과 함께 실험하세요.

준비물

- 작은 접시나 그릇에 베이킹 소다 3큰술 담기
- 레몬즙 2큰술
- 스포이트(또는 물약 병)

과정

1. 스포이트(또는 물약 병)에 레몬즙을 채워요.

2. 베이킹 소다에 레몬즙을 똑똑 떨어뜨려요.

3. 무슨 일이 일어났나요?

4. 같은 과정을 되풀이해요!

조언론 산성물질(레몬즙)과 염기성물질(베이킹소다)이 만나면 탄산가스(기체)가 발생해요.

옥타비아에게
-롤라 M. 셰퍼

행동하는 꼬마 과학자 테오에게
-드루실라 산티아고

Hands on Science: Matter
Text copyright © 2023 by Lola M. Schaefer
Illustrations copyright © 2023 by Druscilla Santiago
Original edition first published by Charlesbridge Publishing, Inc.,
under the title, Hands on Science: Matter
All rights reserved.

Korean translation copyright © 2024 by Bookmentor Publishing Co., Ltd.,
Korean translation rights arranged with Charlesbridge Publishing, Inc.,
through EYA Co.,Ltd

이 책의 한국어판 저작권은 EYA Co.,Ltd를 통해
Charlesbridge Publishing, Inc.,과 독점 계약한
(주) 도서출판 북멘토가 소유합니다.
저작권법에 의하여 한국 내에서 보호를 받는 저작물이므로
무단 전재 및 복제를 금합니다.

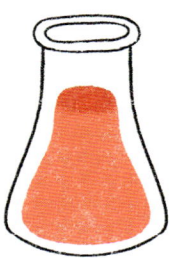